Prix : 50 Centimes

LA
GUERRE D'ÉGYPTE

SES ORIGINES — LES MASSACRES ET LE BOMBARDEMENT D'ALEXANDRIE

L'INTERVENTION ANGLAISE — LES PREMIERS ENGAGEMENTS — L'OCCUPATION DU CANAL DE SUEZ

LES COMBATS AUTOUR DE TEL-EL-KÉBIR — L'ENTRÉE AU CAIRE

LA FIN DE LA GUERRE

L'OCCUPATION DU CANAL DE SUEZ. — LES PREMIÈRES TROUPES ANGLAISES DÉBARQUANT A ISMAÏLIA

PUBLICATION DE LA LIBRAIRIE ILLUSTRÉE
7, RUE DU CROISSANT
PARIS

LA
GUERRE D'ÉGYPTE

Les événements qui viennent de se dérouler en Égypte auront une influence considérable sur les destinées commerciales et politiques de l'Europe, l'Égypte étant par sa position géographique et depuis le percement de l'isthme de Suez le nœud qui unit les trois parties de l'ancien monde. À ce titre, l'histoire de l'Égypte, les phases par lesquelles elle est passée dans ces quatre derniers mois, méritent d'être connus, conservés, comme point de départ de transformations décisives qui auront le mérite de ne pas se faire attendre.

TROUBLES EN ÉGYPTE

LA FRANCE ET L'ANGLETERRE

On connaît l'origine des événements d'Égypte. L'armée, sourdement travaillée par des colonels influents et ambitieux dont le principal était Ahmed Arabi-bey, s'était mise en révolte ouverte contre le khédive Tewfik, successeur d'Ismaïl Pacha. Le khédive avait d'abord tenté de résister, mais peu à peu son influence s'était trouvée compromise, le parti nettement musulman semblait s'incarner dans Arabi qui ne négligeait aucun moyen d'action sur le pays, alors que le khédive penchait visiblement vers l'Angleterre et la France, chargées par suite de traités internationaux, du contrôle des finances égyptiennes.

Le dissentiment étant arrivé à l'état aigu, le khédive usa d'habileté suivant les uns, de faiblesse selon les autres; il transigea. Un nouveau ministère égyptien fut formé. Dans ce ministère, Arabi-Pacha reçut le portefeuille de la guerre.

En Égypte, comme ailleurs, la pusillanimité est mauvaise conseillère; les difficultés s'accrurent, l'action du contrôle anglo-français fut menacée, l'action gouvernementale passait visiblement des mains de l'autorité régulière à Arabi et ses partisans. Le fanatisme musulman habilement entretenu se détachait du khédive; le nouveau ministre de la guerre apparaissait à la fois (fidèle en cela à son rôle) comme le défenseur des droits, de l'indépendance de l'Égypte et de la conscience des vrais croyants.

Ces événements, si gros de périls, appelaient sur l'Égypte l'attention de l'Europe. En particulier l'Angleterre et la France qui réunissent sur les bords du Nil des intérêts de premier ordre, qui avaient à y sauvegarder des relations commerciales séculaires, des privilèges, la France ses anciennes Capitulations, le trafic de Marseille avec Alexandrie, l'œuvre gigantesque du canal de Suez, l'Angleterre sa route des Indes, ne pouvaient se désintéresser de la question égyptienne. Elles formulaient bientôt leur accord quant à la volonté bien arrêtée de maintenir en Égypte la paix intérieure et leur influence commune.

Animées de cette pensée, les deux grandes puissances occidentales jetaient les premières bases d'une entente et en même temps elles assuraient le khédive de leur appui, destiné à accroître son prestige aux yeux du peuple égyptien. Elles convenaient enfin d'empêcher toute immixtion de la Turquie dans les affaires égyptiennes motivée sur les droits de suzeraineté de la Porte.

Cette dernière déclaration était grave. Aussitôt connue des autres puissances, elle provoquait une entente entre l'Allemagne, l'Autriche, la Russie, l'Italie. On décidait à Berlin qu'on ne laisserait pas les deux nations occidentales s'arroger le droit d'intervention armée en Égypte, ce pays relevant, en fait, de l'autorité du sultan.

La suzeraineté nominale de la Turquie devait recevoir, au cours des événements, une nouvelle consécration. Tewfik, après une inutile tentative de convocation de l'assemblée des notables, n'ayant plus l'autorité morale nécessaire pour agir, avait prié le sultan d'intervenir entre lui et ses sujets. Le sultan, se rendant au vœu du khédive, avait envoyé comme commissaire Dervish-Pacha qui débarqua en Égypte à la tête d'une mission nombreuse et importante.

Sur ces entrefaites, en France, le ministère Gambetta qui avait poussé avec ardeur à une solution énergique des affaires égyptiennes, était renversé; un des premiers actes de M. de Freycinet qui prenait sa place était, tout en affirmant l'alliance anglaise, de porter la question d'Égypte devant une conférence européenne.

Cette proposition était acceptée par les puissances moins la Turquie. On décidait que la conférence tiendrait ses séances à Constantinople pour y recevoir les communications de la Porte.

L'Angleterre et la France, conformément à leur déclaration en faveur du khédive, s'étaient empressées d'envoyer dans les eaux d'Égypte plusieurs cuirassés.

Le gouvernement ottoman attendait de la mission de Dervish Pacha des résultats décisifs, mais cette mission même devait rester sans effet. L'armée et le peuple égyptien demandaient formellement la déposition du khédive. Le malheureux prince, renfermé dans son palais du Caire, devait bientôt être menacé jusque dans son existence.

ALEXANDRIE

MASSACRE DU 11 JUIN

L'effervescence religieuse, la haine de l'étranger, l'appui ouvertement donné par l'Angleterre et la France au khédive, devaient porter leurs fruits. On sentait que de graves événements étaient proches. Plusieurs puissances avaient envoyé leurs pavillons à Alexandrie ou à Port Saïd. Au Caire on prêchait dans les mosquées en faveur d'Arabi ; les Européens étaient inquiets. A Alexandrie la présence des cuirassés français et anglais suffisait à peine à rassurer la population européenne qui concentrait dans ses mains l'activité, la richesse de ce grand port d'Égypte.

Une description de cette ville aujourd'hui dévastée par les incendies ne sera pas inutile ici.

Alexandrie fut fondée par Alexandre en 320 avant J. C. Elle est située à environ quatre lieues à l'ouest de l'ancienne branche canopique du Nil.

Le point de la côte adopté pour l'emplacement du port d'Alexandrie est le plus favorable de l'Égypte. Là seulement il y a assez d'eau et de sûreté pour les vaisseaux durant toute l'année. Rosette et Damiette sur les deux principales branches du Nil, sont d'un accès difficile en raison de la barre qui y occasionne un dangereux brisant. Cet inconvénient n'existe pas pour Alexandrie, relié au Nil par le canal Mahmoudieh.

Il est à remarquer que la communication artificielle d'Alexandrie avec le Nil existait déjà dans l'antiquité. Un canal avait été creusé par Cléopâtre. Il se combla pendant la longue période de barbarie que traversa l'Égypte et fut rouvert en 1819 par Méhemet-Ali.

Alexandrie est bâtie à la fois sur la célèbre île de Pharos et sur l'Hesptade qui relie cette île au continent. C'est sur l'Hesptade qu'est toute la ville moderne, ayant au sud le grand port, au nord le port nouveau ou asiatique, moins vaste et moins sûr que le premier.

Le grand port, port principal d'Alexandrie, s'étend à l'ouest jusqu'au Marabout, c'est-à-dire à environ deux lieues ; sa largeur est d'une lieue, il est fermé au nord par l'extrémité occidentale de Pharos prolongée par une jetée dans la direction de laquelle s'avance un môle intérieur appuyé sur le continent.

Toute la côte, de l'extrémité sud-ouest jusqu'à la jetée de Pharos, est défendue par de nombreux ouvrages ; le front de Pharos présente lui-même trois forts, ceux de Ras el Tin, Ada, Pharos ; celui-ci, à l'extrémité nord de l'île, commande à la fois la haute mer et l'entrée du nouveau port.

L'ancienne ville d'Alexandrie était située sur la terre ferme. Ses ruines existent encore et sont un remarquable attrait de curiosité. C'est là, à quelque distance de la mer, que se trouve la fameuse colonne improprement appelée de Pompée, puisqu'elle fut élevée en l'honneur de Dioclétien.

La population d'Alexandrie était évaluée à plus de 200,000 âmes. Les Européens, Français, Italiens, Anglais, Grecs, Maltais y étaient en grand nombre et formaient une importante colonie. Plusieurs banques avaient à Alexandrie des succursales dont la situation était des plus prospère.

Mais à Alexandrie comme dans le reste de l'Égypte la populace s'était enflammée en faveur d'Arabi ; la vue des vaisseaux de guerre n'avait fait qu'accroître la haine contre les chrétiens.

L'événement si redouté arriva.

Le dimanche 11 juin une rixe s'engageait dans l'après-midi à Alexandrie, rue des Sœurs, entre un Maltais et un Arabe. Elle prenait bientôt d'effrayantes proportions ; l'Arabe avait appelé à lui, et presque aussitôt les Maltais, les Grecs, les autres Européens étaient assaillis. Des groupes d'Arabes qui stationnaient près des portes entraient en ville. Le terrible cri : Mort aux chrétiens ! retentit de toutes parts. On se hâta de fermer les boutiques. Les chrétiens rencontrés dans les rues étaient aussitôt massacrés ; un grand nombre de boutiques furent défoncées, livrées au pillage.

Les consuls se montrèrent héroïques. M. Cookson, consul d'Angleterre se précipita dans la mêlée entouré de ses janissaires ; il fut assailli, renversé, gravement blessé. MM. Michiavelli et Rozwadowski, consul et vice-consul d'Italie, M. Ranghabé consul de Grèce furent également atteints.

M. Kleczowski, consul de France, suivi d'un de ses janissaires, s'était jeté dans un groupe d'assassins ; il put s'en retirer sain et sauf alors que le sang coulait à flots autour de lui. Reprenant aussitôt le chemin du consulat il en fit ouvrir les portes toutes grandes plus de 2000 Européens, principalement des enfants et des femmes s'y précipitèrent. Quant à lui, assisté de quelques hommes courageux, le drapeau français à la main il se tenait sur le seuil pour les protéger contre la fureur des Arabes. Pendant deux heures le consulat de France fut battu par les flots d'une foule houleuse aux bras ensanglantés qui remplissait la place des Consuls.

A cinq heures la lutte était générale dans Alexandrie. De toutes parts le sang coulait ; les magasins étaient mis au pillage ; les Européens, hommes, femmes, enfants, étaient tirés des maisons et massacrés sans pitié. Les moustaphazins ou municipaux nommés quelques jours avant par Arabi avaient été les plus ardents à défoncer les boutiques et à égorger.

Ce fut seulement vers cinq heures et demie, que la troupe régulière donna signe de vie. Les assassins parurent alors se calmer. Les bataillons égyptiens partant de la place des Consuls s'engagèrent par fractions dans les rues, refoulant lentement les révoltés que l'on poussa dans le quartier de la Douane où l'on égorgea jusqu'à sept heures. Au dernier moment, on signala le meurtre d'un officier du cuirassé anglais l'*Invincible*. On l'arracha de sa voiture et à peine avait-il touché terre qu'il était étendu mort.

La présence des soldats marqua la fin des massacres, mais sans répression. Les assassins marchaient derrière la troupe, armés, les uns de gourdins, les autres de barres de fer, bras nus, farouches. Les cadavres des Européens, que l'on voyait à chaque pas, avaient été dépouillés de leurs vêtements, les femmes surtout, et avaient subi d'atroces mutilations ; plusieurs malheureux avaient dû être écartelés vivants.

Il ne faudrait cependant pas supposer que dans cette terrible journée du 11 juin, les Européens d'Alexandrie se sont laissés tranquillement égorger. La vérité est qu'ils ont pour la plupart, rendu courageusement coup pour coup. Ceux qui ont succombé ont été accablés sous le nombre ; encore se sont-ils vaillamment défendus. On cite notamment, deux Maltais qui, assaillis par les Arabes, ont pu se réfugier dans une impasse. Là, ils ont entassé des chaises, des tables, et armés de carabines, ont engagé la lutte. On évalue à cinquante les massacreurs qu'ils ont mis hors de combat. Un coiffeur italien a pu également se tirer d'affaire après avoir tué un grand nombre d'Arabes. Dans ces circonstances, le désespoir donne des forces. Vers quatre heures, deux cents Grecs, Français, Italiens, Anglais, furent refoulés par les cinquante mille assassins ou pillards d'Alexandrie, sur la petite place de la Paille, mais là, réunis en un groupe compact ils ont fait face à la multitude furieuse. Ils ont fini par rester maîtres du champ de bataille. C'est dire que dans cette journée sanglante, les Européens ont maintenu hardiment leur supériorité de race sur les Asiatiques.

CORPS-DE-GARDE ANGLAIS DEVANT ALEXANDRIE.

BATEAU-TORPILLE RECONNAISSANT LES ABORDS D'UN PORT.

DÉBARQUEMENT DES TROUPES ANGLAISES A ALEXANDRIE.

ARRIVÉE DES NAVIRES A PORT-SAÏD.

LA FLOTTE ANGLAISE EN VUE D'ALEXANDRIE.

LES SOLDATS ANGLAIS DANS LES RUES D'ALEXANDRIE APRÈS LE BOMBARDEMENT.

BOMBARDEMENT D'ALEXANDRIE

LES INCENDIES

A la fin de juin, l'Angleterre avait dans la rade d'Alexandrie sept grands cuirassés : l'*Inflexible*, l'*Alexandra*, le *Sultan*, le *Superb*, le *Téméraire*, *Monarch*, l'*Invincible*, cinq canonnières : *Condor*, *Bittern*, *Beacon*, *Deroy*, *Cygnet*, les avisos *Hélicon* et *Iris*. La France y avait réuni son escadre de la Méditerranée.

L'Angleterre avait en plus, à Gibraltar ou à Malte, le *Minotaure*, l'*Orion*, l'*Azincourt*, l'*Achille*, le *Northumberland*, l'*Hercule*, le *Repulse*, le *Vaillant*, l'*Hector*, la *Défense*, le *Lord Warden*. Son escadre de réserve se composait du *Warrior*, de l'*Agamemnon*, du *Don*, de l'*Ajax*, de la *Pénélope*, du *Dee*. Ses arsenaux étaient entrés dans une période de fiévreuse activité. Des troupes de débarquement se réunissaient à Portsmouth, à Malte, à Bombay.

L'aspect d'Alexandrie, cette reine du commerce de l'Orient était lamentable. 40,000 Européens venaient de quitter le sol de l'Égypte, la panique avait atteint les dernières limites, la France avait envoyé les transports *Sarthe* et *Corrèze* pour recueillir nos nationaux, les paquebots des compagnies Frayssinet, Rubattino, des Messageries, navires anglais, français, grecs, italiens, avaient été pris d'assaut par une foule affolée. Le quartier européen du Caire s'était vidé. 14,000 Européens étaient partis dans les seules journées du 14 au 18 juin. Le chemin de fer du Caire à Alexandrie avait dû former jusqu'à douze trains par jour. Les voyageurs avaient rempli les voitures de toutes classes, les fourgons, les marchepieds; quelques-uns étaient arrivés debout sur les tampons.

La ville de Marseille particulièrement éprouvée par les événements d'Alexandrie recueillit une grande partie des infortunés chassés de l'Égypte. On vota des secours, la population se montra au plus haut degré charitable. Un grand nombre de réfugiés avaient tout perdu et étaient arrivés dans un état de dénuement absolu.

Ce départ des Européens avait des conséquences désastreuses pour l'Égypte. Toutes les transactions étaient interrompues, les provisions restaient sur place; le blé, la viande, le coton étaient invendables, les chantiers étaient fermés, tous les travaux suspendus. En quelques jours, le blé dans la haute Égypte tombait de 100 piastres à 7 piastres l'ardeb.

Arabi, épouvanté d'un tel exode, faisait l'impossible pour rétablir la confiance; nuit et jour il parcourait les quartiers du Caire, entrant dans les magasins, affirmant qu'il n'y avait eu dans les événements d'Alexandrie qu'un acte d'effervescence de la populace. Cependant il ne se cachait pas de sa haine pour l'Angleterre et se réjouissait de voir la France hésiter dans son action.

— J'aime la France, dit un jour le dictateur à un de nos compatriotes, j'espère qu'elle n'interviendra pas dans les affaires de l'Égypte. Quant à l'Angleterre, elle peut nous faire beaucoup de mal avec sa flotte, mais elle n'a pas vos soldats. Elle ruinera Alexandrie, mais je ne la crains pas en Égypte.

Il est juste d'ajouter que, jusqu'au dernier moment, au Caire surtout, on a tenu les Français en estime particulière. La France s'est toujours montrée grande en Égypte. Le prestige de l'expédition de Bonaparte n'est pas encore effacé; il n'est pas jusqu'au plus humble fellah qui ne sache que c'est à un Français, et malgré l'Angleterre, que l'Égypte doit le canal de Suez.

Pendant que la conférence procédait lentement à ses travaux, l'escadre anglaise d'Alexandrie, sous le commandement de sir Beauchamp Seymour, continuait sa surveillance des positions égyptiennes, résolue à ne rien laisser faire qui pût aggraver le danger du débarquement.

Les Égyptiens n'avaient tenu aucun compte de cette interdiction; ils augmentaient le système défensif de la côte, formaient des batteries destinées à relier les forts et les armaient de canons.

Le gouvernement anglais décida le bombardement des forts d'Alexandrie.

L'amiral anglais avait fait prévenir les consuls. En conséquence les janissaires allèrent de porte en porte prévenir leurs nationaux d'avoir à s'embarquer sans retard. Les Français avaient à leur disposition le *Péluse*, des Messageries maritimes.

Les Européens défilèrent dans les rues au milieu des injures et des menaces des Arabes. L'accès du port n'était pas moins dangereux, en raison des obstacles que les cochers, les bateliers mettaient à l'embarquement. Une voiture, une barque, n'étaient obtenus qu'à prix d'or.

A cette heure critique, plusieurs Européens, particulièrement des Français, refusèrent d'abandonner les hôpitaux et les blessés dont un grand nombre n'avaient pu être transportés à bord des vaisseaux. En tête de ces hommes courageux, il faut citer le docteur Ardouin, médecin de l'hôpital européen, les docteurs Schiess, Duthieux, Dumestrée. Autour de M. Ardouin se rangèrent M. Jacquin, avocat, député de la nation française, M. de la Pommeraie, négociant, plusieurs gardiens de l'hôpital, enfin sept sœurs de charité françaises, femmes admirables qui réclamèrent comme un devoir, le droit à la souffrance et à la mort obscure.

Le lundi 10 juillet, dès dix heures du matin, les transports, chaloupes, navires de guerre, commencèrent à évacuer le port d'Alexandrie. Tous étaient bondés. Le *Péluse* sortit un des derniers des passes. Son pont, d'une extrémité à l'autre, était couvert de bagages, d'objets précieux qui montaient à la hauteur d'un premier étage, les passagers, hissés sur le tout, formaient de véritables grappes humaines.

Ce beau paquebot alla comme les autres navires chargés de passagers se placer en arrière de l'escadre anglaise qui faisait ses derniers préparatifs.

Le soleil se coucha étincelant, inondant de ses derniers feux la mer, la ville, les ports. Jamais la rade d'Alexandrie n'avait présenté pareil spectacle, une telle quantité de vaisseaux.

Laissons parler un témoin oculaire :

« La sortie des passes a été des plus imposantes. A mesure que nous nous avançons, nous découvrons les batteries égyptiennes qui s'étendent menaçantes depuis la pointe ouest, dite pointe du Meks, jusqu'à l'extrémité du lazaret, à l'est. L'escadre anglaise, déjà en ligne de bataille, entoure la ville. Le bombardement par les Anglais est donc imminent.

La nuit tombe peu à peu, la rade s'éclaire, mais la ville reste plongée dans une sinistre obscurité. De temps en temps, elle apparaît tout entière éclairée par la lumière électrique. On se rend alors plus facilement compte de l'importance des batteries égyptiennes et des positions qu'elles occupent. La nuit se passe dans le plus grand calme; mais on pressent l'orage. On sait que le lendemain est le 11, et que les Anglais veulent faire coïncider leur attaque avec cette date, et, par le bombardement du 11 juillet, venger les massacres du 11 juin. »

Un peu avant sept heures, le matin du 11 juillet, un coup de canon tiré à blanc sert d'avertissement à l'escadre anglaise qui prend son poste de combat. Les cuirassés anglais ouvrirent le feu. Le tir, pendant quelques instants incertain, se modifia et acquit enfin une grande précision. L'*Invincible*, le *Monarch* et le *Téméraire* s'étaient portés devant les forts de Mex qui commandent les passes ; les autres cuirassés se portèrent successivement devant Pharos, Ras el Tin, Ada. Vers neuf heures, les canons des forts étaient réduits au silence. Les Égyptiens avaient d'abord fait un simulacre de résistance, mais leurs pièces trop faibles n'avaient pu lutter contre la puissante artillerie anglaise. Néanmoins, comme le tir des canons rayés du fort Mex pouvait occasionner des dommages, l'amiral Seymour envoya un détachement de marins de l'*Invincible* qui débarquèrent, repoussèrent le détachement égyptien et firent éclater les canons au moyen du fulmi-coton.

Les canonnières et les cuirassés anglais entrèrent ensuite dans le port pour détruire les ouvrages intérieurs.

Après cette opération militaire si diversement appréciée, en Angleterre même, on s'attendait à voir les Anglais prendre possession de la ville. Il n'en était rien. L'amiral anglais se bornait le lendemain à reprendre le bombardement de plusieurs ouvrages, tandis que les troupes égyptiennes massées à la porte Rosette, la porte Neuve, la porte Moharem-Bey, la porte Bab-Sidra, se préparaient à évacuer au premier indice du débarquement des Anglais.

Que se passait-il en ce moment dans Alexandrie ?

On a vu qu'un certain nombre d'Européens étaient restés dans la ville. Dans l'après-midi du 12, plusieurs d'entre eux, voyant monter du port une foule affolée, crurent que les cuirassés approchaient ; ils sortirent et furent aussitôt massacrés. Les autres se renfermèrent étroitement. C'est ainsi qu'ils assistèrent aux horribles scènes du pillage et de l'incendie d'Alexandrie.

La soldatesque égyptienne venait de rentrer en ville, ramenée par Arabi, Toulba et les autres officiers, on la réunit sur la place des Consuls et là, au son du clairon on communiqua l'ordre des chefs se résumant dans ces mots : Pillage, puis incendie des magasins.

Une multitude comprenant plus de cinquante mille soldats, Arabes, Bédouins, forçats à qui on avait ouvert les prisons, se répandit dans la ville et principalement place des Consuls, rue Franque, Ramleh, Attarine, porte italienne, rue des Sœurs. Presque partout elle était guidée par les barbarins ou domestiques des Européens. En un clin d'œil les maisons sont prises d'assaut ; les Européens que l'on découvre sont assommés, mutilés, les femmes violées. La place des Consuls n'est qu'une mare de sang ; on y entasse les cadavres au pied de la statue de Méhémet-Ali dont le piedestal porta pendant plusieurs jours la trace des mains sanglantes qui étaient venues s'y appuyer.

Ce pillage d'Alexandrie est un tableau inénarrable. Les portes des magasins étaient enfoncées au moyen de barres de fer et les marchandises, le mobilier, les étoffes traînés dans la rue. Les Arabes les entassaient sur des voitures, des chevaux, des ânes, les portaient au dehors et revenaient prendre part à la curée. Dans toutes les rues on voyait des hommes, des femmes, des enfants, pliant sous les fardeaux ; les meubles, les pendules, tous les objets que l'on ne pouvait emporter jonchaient le pavé.

Ce fut l'incendie, allumé par les indigènes eux-mêmes, qui les força à reculer. Des flammes épaisses commençaient à s'élever au-dessus de la ville, roulant des torrents de fumée. Des quartiers entiers étaient embrasés. Le feu avait été mis à la fois sur tous les points du quartier européen, il gagna avec rapidité.

Un épisode de ce terrible drame est la traversée d'une partie d'Alexandrie par un des groupes d'Européens, celui de l'Anglo-Egyptian-Bank. L'incendie venait de se déclarer au-dessus d'eux ; il fallait partir. Alors on forma une colonne ; les Monténégrins se rangèrent en tête ; on plaça les femmes et les enfants au milieu, les Grecs, les Français fermèrent la marche. La petite troupe fut assaillie, harcelée, jusqu'à son arrivée sur la Marine ; heureusement le gros des pillards étant occupé ailleurs, on put monter dans des barques qui servirent à gagner la rade. L'autorité anglaise les envoya sur le *Chiltern* vaisseau-station du câble de Malte à Alexandrie.

Le grand hôpital de Ras el Tin avait fait bonne contenance et avait pu écarter les assassins qui s'étaient aventurés de ce côté. Un obus anglais avait traversé les salles, mais sans tuer personne.

L'hôpital allemand « des Diaconess » renfermait 80 personnes, médecins, femmes, etc. Ils sortirent le 13, en passant à travers les flammes, sous la protection de vingt-cinq marins de la canonnière allemande *Habicht*. Plus tard l'aviso français l'*Hirondelle* fit descendre également une partie de son équipage pour recueillir ce qui restait de nos nationaux.

Enfin, cédant aux instances des capitaines grecs, allemands, français, du colonel américain Long qui affirmaient que les troupes égyptiennes avaient entièrement abandonné Alexandrie, sir Beauchamp Seymour donna l'ordre du débarquement. Les troupes anglaises occupèrent sans difficulté les forts et les portes. Sir Charles Beresford fut nommé gouverneur. La moitié d'Alexandrie était en cendres. Le khédive, échappé par miracle à ses soldats, rentrait au palais de Ras-el-Tin.

Arabi se retira au camp de Kafr-Douar, sur la route du Caire, et le canal Mahmoudieh.

Un journal anglais s'exprimait comme suit à l'égard du dictateur, ainsi que des défenses de Kafr-Douar.

On estime à 48,400 hommes le nombre de soldats dont il dispose. Ces troupes se partagent en quatre divisions : Une division à Abassieh, avec 11,300 hommes ; deux autres à Kafr-Douar, avec 22,600 hommes. A Rosette, il y a 3,000 fantassins et 7,000 à Damiette. Enfin, il y a deux régiments au Caire avec un effectif de 4,500 hommes. Au total, 48,400 hommes.

Quatre mille hommes travaillent aux fortifications à Kafr-Douar, qui comprennent trois lignes de défense, s'étendant entre le chemin de fer et le canal. La seconde est à 200 yards de la première, un peu plus élevée et armée de canons. La troisième est à 500 yards en arrière de la seconde. Arabi tient prête à toute attaque de la part des Anglais une brigade d'infanterie, une batterie d'artillerie et deux escadrons de cavalerie.

Il a réquisitionné tous les chevaux et tous les chameaux de Tantah et des environs. Il a également réquisitionné des sacs, qu'il fait remplir de terre pour les fortifications.

Toute son infanterie est armée de fusils Remington. La cavalerie a des sabres de mauvaise qualité, mais des carabines excellentes et des revolvers à six coups. La sellerie de la cavalerie est de la meilleure façon anglaise.

Il est aussi largement approvisionné en tentes. Tous les ateliers militaires du Caire sont en pleine activité.

LA CONFÉRENCE

NÉGOCIATIONS ANGLO-TURQUES

La conférence européenne, réunie à Constantinople, s'était arrêtée, à la remise d'une note collective signifiée à la Turquie, au nom des puissances.

L'ÉTAT-MAJOR DE L'ARMÉE ANGLAISE

MAJOR GÉNÉRAL WILLIAM EARLE
Commandant la ligne de communication.

MAJOR GÉNÉRAL DUC DE CONNAUGHT.
Commandant la brigade de la garde.

LIEUTENANT GÉNÉRAL G. H. S. WILLIS
Commandant la 1re division.

LIEUTENANT GÉNÉRAL SIR JOHN ADYE.
Chef d'état-major.

MAJOR GÉNÉRAL SIR ARCHIBALD ALISON
Commandant la 3e brigade.

LIEUTENANT GÉNÉRAL SIR GARNET WOLSELEY
Commandant en chef.

LIEUTENANT GÉNÉRAL SIR EDWARD HAMLEY.
Commandant la 2e division.

MAJOR GÉNÉRAL SIR EVELYN WOOD
Commandant la 4e brigade.

Cette note reconnaissait les droits de la Turquie sur l'Égypte tels qu'ils résultaient des traités. En conséquence on demandait à la Porte d'intervenir, pour rétablir l'ordre en Égypte.

On se souvient que la Turquie avait d'abord décliné tout droit de contrôle des puissances européennes dans les affaires d'Égypte. Elle était donc restée à l'écart, lorsque, par un véritable coup de théâtre diplomatique, répondant à la note des puissances, en date du 15 juillet, Saïd Pacha au nom de la Turquie, vint faire la déclaration suivante :

« Je m'empresse de vous informer que la Sublime Porte, prenant acte de la reconnaissance de ses droits de souveraineté sur l'Égypte, a résolu d'exercer d'une manière efficace ses droits incontestables. Et, désirant assurer sans retard le retour du calme dans ce pays, elle a décidé d'y envoyer immédiatement un corps de troupes suffisant.

« Les mesures nécessaires sont déjà prises à cet effet et l'expédition militaire est sur le point d'avoir lieu. »

L'Europe avait en fait rempli le mandat que l'on attendait d'elle ; mais l'Angleterre qui venait de prendre pied en Égypte, souleva une question importante, celle de savoir comment s'opérerait l'action commune. Quant à elle, elle n'entendait nullement agir côte à côte avec la Turquie. Elle entendait conserver le mérite de son initiative et n'acceptait le contingent de la Turquie, que comme appoint plutôt moral que réel.

Avant tout, elle demandait que le sultan déclarât Arabi-Pacha rebelle afin de détacher de lui les populations musulmanes.

Nous n'abordons ici que comme incident le projet d'intervention de la France et de l'Angleterre pour la sauvegarde du canal de Suez, projet repris par l'Italie lorsque les Chambres françaises eurent refusé en fait de coopérer à l'intervention en Égypte.

Quant au gouvernement anglais, il continuait à protester de son désintéressement, à renier toute idée d'ambition.

Enfin, après de longs pourparlers (ils duraient encore quelques heures avant la prise de Tel-el-Kébir), l'Angleterre et la Turquie se mettaient d'accord sur les conditions essentielles du concours de la Porte.

Cette convention qui avait nécessité des négociations si laborieuses ne devait jamais recevoir son exécution.

FORCES ANGLAISES

OCCUPATION DU CANAL DE SUEZ

L'Angleterre activait la réunion de forces imposantes en Égypte. Elle avait résolu d'y jeter 25.000 hommes. Les contingents pris en Angleterre même, à Gibraltar, à Malte, étaient en route. Les troupes tirées de l'armée des Indes avaient reçu le 2 août leur ordre de départ.

Ces dernières, les plus belles de celles que l'Angleterre tient sur pied dans les Indes, se composaient de :

Infanterie. Les 63° et 72° régiments anglais ; quatre régiments indigènes (Bengale) 1° Native (Nowshera), 7° (Lucknow), 20° (Sullundur), 45° (Peshawur) ; les 4°, 27°, 30° de Madras ; les 10°, 14°, 16°, 19°, 20°, 29° de Bombay.

Cavalerie. Les 6°, 13°, 12° Bengalcavalry.

Trois batteries Royal artillerie, deux compagnies du génie de Bengale, deux compagnies indigènes.

Le commandement général des forces anglaises était accordé à un illustre soldat, sir Garnet Wolseley, le héros de la guerre des Achantis.

Au milieu d'août les transports anglais remontant la mer Rouge débarquaient les premières troupes indiennes à Suez, en même temps que les contingents européens arrivaient à Alexandrie, dont la rade se remplissait de transports chargés d'hommes, de chevaux, de matériel.

Sir Garnet Wolseley venait de prendre le commandement en chef. Les chefs de corps et d'état-major traversant la France par les voies rapides l'avaient précédé. Une des brigades anglaises avait à sa tête le duc de Connaught, l'un des fils de S. M. la reine Victoria.

Plusieurs engagements avaient eu lieu en avant de Ramleh occupé par les grenadiers de la garde écossaise. Le 6 août une reconnaissance égyptienne avait été chaudement reçue. Le général Alison évaluait les pertes égyptiennes à 300 morts et 1,200 blessés.

Suivant les rapports des prisonniers et les observations des officiers anglais, les troupes engagées par Arabi s'élevaient à 16,000 hommes de première ligne.

L'ennemi ne s'était pas retranché, mais il s'abritait derrière les broussailles et les maisons et, sur certains points, derrière les barricades, formées avec les voitures enlevées lors de sa fuite d'Alexandrie.

Le plan du général en chef était inconnu mais tout indiquait qu'avec cette sage lenteur qu'apportent les Anglais à leurs opérations militaires, sir Garnet Wolseley s'occuperait d'enlever l'importante position de Kafr-Douar pour marcher sur le Caire en s'appuyant à la fois sur le chemin de fer et le canal Mahmoudich.

L'opinion publique ne prêtait qu'une oreille distraite à de nouveaux indices de bombardement, bien que tout indiquât que cette opération allait être tentée sur les forts d'Aboukir. Quand on sut que l'escadre anglaise portant le corps expéditionnaire prenait la mer pour cette direction, on y vit généralement l'indice d'un mouvement tournant dirigé sur Kafr-Douar.

Soudain, on apprit que la flotte, après s'être montrée pendant quelques heures devant Aboukir et avoir tiré quelques coups de canon sur les forts, s'était dirigée à toute vapeur sur Port Saïd, les douze transports répartis en quatre divisions conduites chacune par un cuirassé.

Empruntons au correspondant du *Temps*, ce magnifique tableau de la marche de la flotte anglaise.

« Nous prenons peu à peu de la vitesse, et bientôt les forts qui dominent la presqu'île d'Aboukir sont en vue. — A bord de la *Calabria*, tout le monde est anxieux, sauf quelques initiés qui connaissent notre véritable destination. Allons-nous les bombarder ?

On les aperçoit très distinctement à la jumelle, et ils se détachent si bien sur la côte basse et sablonneuse de la presqu'île, que l'on peut compter leurs embrasures et les grosses pièces rayées qui les arment. Quelques-uns sont de véritables montagnes de terre et de sable hérissées de canons. Ils pourraient bien offrir une tout autre résistance que les forts d'Alexandrie construits en pierre, et que chaque obus des cuirassés trouait comme à l'emporte-pièce.

Un pavillon flotte sur la batterie la plus élevée ; nos lunettes se braquent sur ce point imperceptible. C'est un drapeau blanc. Une canonnière range de près la côte et s'engage dans la passe étroite ouverte entre l'île Nelson et la terre ; elle défile à petite portée des forts, qui restent muets.

Nous passons, nous, au large de l'île, ayant sur notre avant la longue file des deux premières divisions qui continuent toujours leur marche vers l'Est. Décidément nous n'allons pas à Aboukir.

Tout à coup vers trois heures un cri

de joie retentit à bord de la *Calabria*. On se montre du doigt le *Téméraire* et le *Superb* qui viennent en grand sur tribord et pénètrent dans la baie, suivis chacun par sa division de transports.

L'*Inflexible* les imite, et nous suivons le mouvement.

A quatre heures, la flotte entière est mouillée sur des fonds de 30 à 40 pieds qui s'étendent au nord-est de la presqu'île; elle est formée sur quatre rangs parallèles orientés nord-sud, à l'intérieur d'un alignement que l'on mènerait du phare de Rosette à l'île Nelson.

A bord on commente le bombardement et le débarquement que chacun prévoit pour le lendemain.

A huit heures, les cuirassés échangent des signaux avec les transports qu'ils conduisent; les fanaux rouges ou blancs montent ou descendent le long de leurs mâts. Nous apprenons bientôt quelle est la nature des ordres donnés; on dérape à huit heures et demie, et nous reprenons notre route vers l'Est.

Cet arrêt de trois heures à Aboukir avait pour but de tromper Arabi sur la destination vraie du corps expéditionnaire, dont ses espions lui avaient appris le départ d'Alexandrie. On voulait attirer ses forces vers Aboukir, en même temps que la 2ᵉ division, campée à Ramleh, pousserait une forte reconnaissance offensive sur les positions de Kafr-Douar, qu'elle pourrait peut-être enlever. »

Le général anglais prenait sa base d'opération sur toute la longueur du canal de Suez. L'infanterie de marine venait déjà d'occuper Port-Saïd en même temps que les contingents indiens étaient entrés par l'autre extrémité du canal. Ismaïlia, sur le lac Timsah, devenait le nouveau point de départ des Anglais.

A mesure que les navires de transport, chargés des plus belles troupes de l'Angleterre s'engageaient dans le canal de Suez, ils étaient salués par les acclamations de l'équipage des cuirassés.

La neutralité du canal de Suez violée par l'Angleterre avait un homme, un seul, pour défenseur, l'illustre Ferdinand de Lesseps. Il eut la gloire de tenir tête au léopard britannique et de l'obliger de compter avec lui. Voici un résumé de son récit sur le débarquement dans le canal.

« Samedi matin, le télégraphe de la Compagnie fut coupé près de Suez. Notre agent dans cette ville reçut un message de l'amiral Howkins, l'informant que l'entrée du canal était interdite à tous les bâtiments, même aux canots de la Compagnie sous la sanction de l'emploi de la force. Une canonnière était mouillée à l'entrée du canal.

« Le capitaine du *Forbin*, aviso français, protesta. Le transit fonctionna encore entre Port-Saïd et Ismaïlia. Dimanche, à trois heures du matin, le capitaine Fitzroy, du cuirassé anglais *Orion*, débarqua des marins qui parcoururent la ville poussant des cris et tirant des coups de fusil, quoique les arabistes ne fussent jamais venus à Ismaïlia. Ils cernèrent un village fellah, tirant sur les fuyards.

Les familles des employés voulaient passer la nuit sur le lac. Le capitaine Fitzroy autorisa les femmes à partir mais défendit aux hommes de s'en aller. Il voulait surtout garder M. de Lesseps pour le cas où la ville serait attaquée. Dans la nuit de dimanche, quelques obus furent lancés sur Nefiche. Lundi matin, l'infanterie débarqua en ordre parfait. L'amiral Seymour réclama des pilotes pour les transports. La Compagnie répondit que, le télégraphe étant coupé, il était impossible de continuer le service.

M. Victor de Lesseps visita l'amiral et établit un *modus vivendi*; l'amiral réclama, pour les besoins des opérations de guerre, la priorité du passage. Cette priorité étant contraire au firman qui déclare la Compagnie neutre, celle-ci se déclara prête à reprendre le service, si l'Angleterre acceptait la responsabilité des retards causés au commerce universel. »

Dans sa marche de Ismaïlia sur le Caire, le général Wolseley allait se heurter à l'importante position de Tel-el-Kébir, en même temps que l'inondation du Nil donnait de sérieux avantages à Arabi.

Le dictateur ayant à sa disposition les voies ferrées de Kafr-Douar au Caire et du Caire à Suez, s'était hâté de se porter sur Tel-el-Kébir pour tenir tête aux Anglais. Il faisait fortifier en toute hâte cette position déjà redoutable et l'armait de gros canons. Il s'établissait en même temps à Salhieh ainsi que sur le lac Mexama.

PREMIÈRES OPÉRATIONS ANGLAISES

COMBATS DE GASSASSIN

Comme pour le canal Mahmoudieh, à Alexandrie, Arabi s'était empressé de faire couper le canal d'eau douce dérivé du Nil.

Le 28 août, les engagements entre l'armée anglaise et les troupes d'Arabi commençaient par le combat de Gassassin.

Dès la matinée du 28 août, le général Graham, qui commandait les troupes anglaises à Gassassin, avait remarqué que des détachements considérables d'Egyptiens marchaient sur les positions anglaises. Une reconnaissance d'infanterie montée put s'avancer à deux milles du camp, dans la direction de Tel-el-Kébir, puis fut obligée de se replier devant le feu des ennemis. A dix heures, 4,000 Bédouins se montrèrent sur l'aile droite et le front des Anglais; ils se retirèrent devant le feu de leurs canons.

A trois heures, l'infanterie ennemie se déploya, s'étendant depuis le canal jusqu'à une chaîne de collines à droite. Des batteries de canons se démasquèrent à droite et à gauche.

Toute l'après-midi se passa à repousser les attaques des ennemis. Pendant ce temps, le général Graham avait dépêché deux ordonnances à la brigade de cavalerie.

A sept heures et demie du soir, cette brigade composée des 1ᵉʳ et 2ᵉ lifeguards, des horseguards, des dragons de la garde, d'un régiment de hussards et de quatre canons, se mit en marche; la lune s'était levée et éclairait la route. Le colonel Stewart parvint à guider ses régiments de façon à aborder les Égyptiens, sans tomber sous le feu de leurs canons et en débordant leurs positions.

A neuf heures, le major général Drury Lowe fit sonner la charge. Les dragons de la garde s'ébranlèrent les premiers. Immédiatement, les artilleurs égyptiens quittèrent leurs pièces et l'infanterie se retira en désordre sur les bords du canal.

En peu d'instants la déroute fut complète et l'ennemi, entièrement dispersé, s'enfuit de tous côtés dans le désert.

La cavalerie qui exécuta cette charge était restée sans manger, hommes et chevaux, pendant vingt-quatre heures, la canonnade que l'on entendait du côté de Gassassin ayant forcé ces troupes de rester toute la journée en selle.

Le 6 septembre, les Egyptiens, fortifiés à Tel-el-Kébir, attaquaient de nouveau le camp anglais.

Leurs forces se composaient de 11,000 hommes d'infanterie, cinq escadrons de cavalerie, 22 canons et 300 Bédouins. Ils avaient quitté Tel-el-Kébir à trois heures du matin, sous le commandement d'Ali-Pacha-Fehmi, pour

LE PALAIS DU VICE-ROI D'ÉGYPTE A RAS-EL-TIN.

LES VAISSEAUX ANGLAIS DANS LE PORT D'ALEXANDRIE.

LE VAISSEAU AMIRAL ET LA FLOTTE ANGLAISE

DÉBARQUEMENT DES TROUPES ANGLAISES A ISMAILIA

LES CONTINGENTS INDIENS A BORD DES VAISSEAUX.

DISTRIBUTION DE MUNITIONS A ISMAILIA.

LES POSITIONS ANGLAISES A LA BATAILLE DE GASSASSINE.

LE CAMP ANGLAIS A ISMAILIA.

VAISSEAUX ANGLAIS DIRIGEANT SUR LES POSITIONS ENNEMIES DES JETS DE LUMIÈRE ÉLECTRIQUE.

attaquer le front et l'aile gauche des positions anglaises, tandis que 2,500 hommes détachés de Salahieh attaquaient l'aile droite.

Les pertes des Égyptiens dans cette seconde affaire étaient évaluées à cent morts et à trois cents blessés. Ils déployèrent pour la première fois une grande vigueur, et ne reculèrent que devant trois charges de la cavalerie indienne. Un instant les positions anglaises furent compromises.

Les Égyptiens, rentrés à Tel-el-Kébir, cherchaient à infecter le canal en y jetant des cadavres d'hommes et de chevaux.

La plus dure épreuve pour l'armée anglaise était la chaleur accablante, la pénurie d'eau potable. Les hôpitaux de Ismaïlia et de Port-Saïd s'encombrèrent. On signala de nombreux cas de dyssenterie. Dans les marches forcées, un grand nombre de soldats étaient tombés morts, frappés d'insolation; enfin, le choléra, qui sévissait avec force à Manille, s'était déclaré à Aden. La commission sanitaire internationale allait bientôt se voir obligée d'interrompre toute communication entre l'Inde et l'Égypte.

Le général Wolseley ne se laissa pas ébranler; il concentrait à Gassassin ses principales forces, ainsi que son matériel, ne laissant sur les autres points du canal que ce qui était nécessaire pour le garder. Sans s'émouvoir du reproche qui lui était fait de toutes parts de son inaction, critiquée par tous les organes européens, il attendait d'être en mesure pour porter sur Tel-el-Kébir un coup décisif.

Il disposait tout dans ce but, sans s'inquiéter des nouveaux travaux d'Arabi, certain que le jour où il attaquerait la position avec les vaillantes troupes qu'il avait sous la main, secondées par une formidable artillerie, elle devrait succomber.

A Alexandrie, les troupes anglaises se tenaient sur la défensive, se contentant d'échanger quelques coups de fusil avec Kafr-Douar. Les sapeurs anglais opéraient une coupure pour faire rentrer les eaux de la mer dans le lac Maréotis, afin de se garantir complètement de ce côté.

ALEXANDRIE ET LE CAIRE

LE KHÉDIVE

Les incendies d'Alexandrie avaient été éteints, les Européens commen-

çaient à revenir. Cette ville, autrefois si belle, présentait le plus lamentable spectacle, et, par surcroît, l'eau allait manquer, par suite de la coupure du canal Mamoudieh. Les Anglais, pour s'approvisionner, avaient dû installer, sur un de leurs vaisseaux, des appareils à distiller l'eau de mer.

L'ordre n'avait pas été troublé au Caire; tous les hommes valides et même, sur plusieurs points, les étudiants, les enfants et les femmes, étaient occupés aux retranchements.

Le khédive, dans son palais de Ras el Tin, attendait l'issue des événements, entouré des chefs de l'administration anglaise, MM. Colvin, Le Mesurier, Goldsmith. Nous avons la douleur de dire que par suite de l'inaction de la France, le personnel français d'Alexandrie se trouvait dans la plus lamentable infériorité.

En même temps que le général Wolseley se fortifiait à Gassassin, la division anglaise d'Alexandrie avait pour mission de continuer à menacer Kafr-Douar. Le 22 août elle se portait à Gabrial, l'artillerie envoyait de nombreux obus dans le camp égyptien.

S ROUTES DU CAIRE

En portant sa base d'opérations d'Alexandrie à Ismaïlia, le général Wolseley diminuait de 56 kilomètres la distance qui le séparait de la capitale de l'Égypte. Quant aux routes du Caire à la mer Rouge, à Ismaïlia et à Suez, ainsi qu'au chemin de fer du Caire à Suez, voici ce qu'on disait le *Times* :

« En droite ligne, le Caire est à environ 192 kilomètres d'Alexandrie et seulement à 112 kilomètres d'Ismaïlia. Quant au port de Suez, il est séparé du Caire par 120 kilomètres de désert. Le chemin de fer du Caire passe par Ismaïlia; l'ancienne ligne, qui allait directement du Caire à Suez, et qui était plus courte de 112 kilomètres que celle qui passe par Ismaïlia, a été détruite et abandonnée, par suite de la difficulté que l'on trouvait à approvisionner d'eau les locomotives sur son parcours.

Le chemin de fer de Suez au Caire suit la ligne du canal de Suez jusqu'à Ismaïlia, se dirige vers l'Ouest à partir de cette ville, court pendant quelque temps parallèlement au canal d'eau douce d'Ismaïlia, et se raccorde, près de Zagazig, au réseau des chemins de fer de la basse Égypte. La distance de Suez à Ismaïlia est de 88 kilomètres, celle d'Ismaïlia à Zagazig de 64 kilomètres, et celle de Zagazig au Caire,

de 72 kilomètres : la distance totale est donc de 224 kilomètres. »

Les engagements étaient incessants entre les troupes anglaises et les Bédouins, notamment sur les bords du canal maritime. Le 22 août les highlanders avaient été vivement attaqués au Sérapéum. Les Égyptiens perdirent cent hommes et se retirèrent en abandonnant quatre canons.

SECONDES OPÉRATIONS ANGLAISES

Une forte reconnaissance ordonnée par le général en chef anglais avait démontré que les troupes d'Arabi occupaient toujours le fort Ghemilch dont la position menaçait Port-Saïd, mais que les Égyptiens n'étaient pas en force pour menacer le débouché du canal. Cette conviction acquise, le général Wolseley porta ses troupes en avant et après deux jours de lutte leur fit occuper la digue située entre Magfar et Tell-el-Machouta, ainsi que les positions d'Halenka. A la suite de la première de ces affaires il télégraphiait au gouvernement anglais :

« Le canal d'eau douce ayant baissé depuis trois jours, je me suis porté en avant avec 1,000 hommes d'infanterie et de la cavalerie.

Après quelques escarmouches, j'ai occupé la digue construite par les Arabes sur le canal entre les villages de Magfar et de Tel-el-Machouta.

Quelques officiers et quelques soldats ont été blessés.

J'attaquerai demain les positions de l'ennemi à Halenka.

Les Égyptiens se sont montrés au nombre de 10,000 environ, massés près de Machouta. Les 1,500 hommes dont je disposais ont soutenu victorieusement le combat, qui a duré toute la journée. »

Pour s'emparer de Tel-el-Machouta le général anglais s'était porté en avant à la tête de la première division d'infanterie, de la brigade de cavalerie et de 16 canons.

Le général Lowe avait reçu l'ordre de tourner l'ennemi avec la cavalerie et l'artillerie : cette manœuvre, exécutée habilement, mit les Égyptiens en fuite.

Les Anglais infligèrent à l'ennemi des pertes considérables; ils lui enlevèrent son camp établi près de la gare du chemin de fer, à Mahsama, 5 canons Krupp, de grandes quantités de fusils et de munitions et 75 wagons chargés de provisions.

L'heureux résultat de cette affaire engagea le général Wolseley à continuer sa marche pour occuper l'écluse du canal d'eau douce. Cette opération devait assurer le passage à travers le désert entre Ismaïlia et le delta du Nil.

On a vu que l'armée anglaise en prenant sa base à Ismaïlia et en se portant sur le Caire par Zagazig gardait une position avantageuse sur le canal d'eau douce du Nil à Suez. Les magasins d'approvisionnement des Anglais étaient à Ismaïlia; l'amiral Seymour s'était hâté d'organiser un service de chaloupes pour ravitailler le camp. Le général Wolseley dès le débarquement sur les rives du lac Timsah, avait donné des ordres pour réparer la voie ferrée d'Ismaïlia au Caire, ce qui permit de faire appuyer les opérations par un train blindé portant un canon.

PRISE DE TEL-EL-KÉBIR

MARCHE SUR LE CAIRE

Tel-el-Kébir fut pris le 13 septembre et comme l'avaient prévu les stratégistes, en pénétrant dans des retranchements formidables élevés par l'armée d'Arabi, les Anglais mettaient la main sur l'Égypte; le Caire et les autres places ne pouvaient offrir de résistance.

La veille, le général en chef anglais, installé sur une légère éminence située à trois kilomètres de Kischlak, étudiait attentivement la position de l'ennemi.

Dans la nuit du mardi au mercredi les troupes anglaises se mettaient en marche au milieu du silence le plus absolu. Elles avaient neuf kilomètres à franchir pour se porter de l'écluse de Gassassin au camp retranché occupé par les 20,000 hommes de l'armée égyptienne.

A quatre heures du matin elles avaient pris position; le général Goodenough fit aussitôt placer en batterie quarante-cinq pièces qui ouvrirent le feu et couvrirent les retranchements d'obus et de mitraille.

Les Égyptiens ne s'aperçurent de l'arrivée des Anglais que lorsque ceux-ci étaient à un demi kilomètre; ils commencèrent aussitôt un feu violent d'artillerie et de mousqueterie. D'abord irrégulier, leur feu s'assura avec les premières lueurs du jour. Un gros nombre d'obus tombèrent au plus épais des rangs anglais.

Pendant les péripéties de cette lutte entre les deux artilleries, l'infanterie s'était avancée en rampant jusqu'à 200 mètres environ des retranchements. Alors partit un long hourrah et les Anglais s'élancèrent, la baïonnette en avant, sans tirer un seul coup de fusil.

Un combat terrible s'engagea entre l'infanterie anglaise et les artilleurs égyptiens soutenus par les autres troupes d'Arabi, mais il n'eut que peu de de durée. Au bout d'un quart d'heure les Anglais étaient maîtres des positions avancées.

Une grande redoute établie sur la gauche du camp, fut aussitôt attaquée, l'infanterie anglaise parvenait à y pénétrer après un nouveau et sanglant combat.

Dès lors l'armée d'Arabi n'était plus qu'une bande de fuyards. Les Égyptiens se pressaient en foule, poussés à coup de baïonnettes. La cavalerie et les troupes indiennes du général Macpherson se lancèrent à la poursuite. Ce fut une vraie déroute surtout lorsque l'artillerie commença à labourer la plaine de ses boulets.

Les Anglais firent à Tel-el-Kébir 3000 prisonniers. Quant à Arabi, il avait pu s'enfuir avec un groupe de ses lieutenants.

Le général Wolseley annonçait ainsi la prise du camp fortifié de Tel-el-Kébir à son gouvernement:

« Le camp de Gassassin a été levé hier soir, et l'armée a bivouaqué sur les collines en avant de ce camp jusqu'à 1 h. 30 du matin. Nous nous sommes avancés alors sur la position fortifiée de Tel-el-Kébir, occupée par Arabi, qui avait avec lui 20.000 hommes de troupes régulières, dont 2.500 cavaliers et 6.000 Bédouins, avec 70 canons.

« Les troupes sous mes ordres comprenaient environ 11.000 hommes d'infanterie et 2.000 cavaliers avec 60 canons.

« La position de Tel-el-Kébir était trop forte pour qu'une attaque de jour pût réussir sans m'exposer à subir de grandes pertes.

« J'ai donc résolu d'attaquer avant le lever du soleil, et à cet effet, j'ai fait franchir pendant la nuit la distance qui séparait mon camp de la position ennemie.

« La cavalerie et deux batteries d'artillerie à cheval marchaient à ma droite. Elles avaient reçu l'ordre d'opérer, dès l'aube, un mouvement tournant contre les positions de l'ennemi.

« A gauche de la cavalerie se trouvait la deuxième brigade de la première division, sous les ordres du général Graham, appuyée par la garde royale sous le commandement du duc de Connaught.

« Plus à gauche encore marchaient sept batteries d'artillerie ayant quarante-deux pièces en ligne et appuyées par une brigade.

« La deuxième division venait ensuite, précédée de la brigade écossaise.

« Le contingent indien s'avançait au sud du canal Ismaïlich avec la brigade navale échelonnée sur le chemin de fer.

« Une grande émulation régnait parmi les troupes.

« Dès que l'ordre d'attaque eût été donné, tous les soldats s'élancèrent avec acharnement sur l'ennemi, dont nous occupons, à cette heure, toutes les fortifications et le camp.

« L'ennemi s'enfuyait par milliers, jetant ses armes, lorsqu'il fut atteint par notre cavalerie qui lui fit subir de grandes pertes.

« Le général Willis a été légèrement blessé, le colonel Richardson a reçu une blessure grave.

« La conduite de nos troupes a été admirable.

« Notre cavalerie marche actuellement sur Belbéis; le contingent indien est en route pour Zagazig. La brigade écossaise le suivra ce soir.

« Arabi a réussi à s'échapper à cheval, dans la direction de Zagazig.

« On assure que Rashed-pacha a été blessé.

« Le canal Ismaïlich est coupé en plusieurs endroits, mais la ligne du chemin de fer est intacte. »

Le camp de Tel-el-Kébir était établi sur un plateau hérissé de redoutes en terre, de petite dimension, mais disposées en quinconce et relevées par des tranchées.

Le général Wolseley poussait l'ennemi avec la plus grande vigueur. Sans donner un instant de repos à ses troupes, il les lança en avant. Le soir même, après une marche forcée sous un soleil de feu, le général Macpherson à la tête des contingents indiens entrait à Zagazig. Il y trouvait un important matériel, des vivres, cinq trains avec leurs locomotives.

La population n'avait fait aucune résistance.

La cavalerie anglaise se dirigeait également à marches forcées, sur la capitale de l'Égypte, en suivant la route du désert.

LES ANGLAIS AU CAIRE

LE CANAL DE SUEZ

A peine la prise de Tel-el-Kébir était-elle connue que l'Égypte toute entière était soumise. Le Caire attendait les vainqueurs, les retranchements de Kafr-Douar tombaient. Le commandant de Rosette faisait acte d'adhésion au gouvernement du khédive.

Les autorités du Caire arrêtaient elles-mêmes Arabi et ses lieutenants Toulba, Mahmoud-Samy, les cheiks El-Edoui et Aleeh. Le camp de Saliheh était levé.

La voie ferrée du Caire à Ismaïlia ayant été conservée par Arabi, les troupes anglaises s'en servaient pour se porter en toute hâte sur la capitale de l'Égypte. Dans la soirée du 14 septembre, la brigade écossaise, avant-garde de l'armée anglaise, arrivait en wagons au Caire.

La ville n'avait pas souffert. Avec cette mobilité qui caractérise les Orientaux, elle acclama les vainqueurs, louant Dieu de la défaite d'Arabi. Le dictateur avait été insulté par la populace et presque lapidé.

Dès le lendemain, le khédive recevait dans son palais de Ras-el-Tin les hommages des hauts fonctionnaires égyptiens ; il s'empressait de mettre deux de ses palais du Caire à la disposition du général en chef de l'armée anglaise et du duc de Connaught.

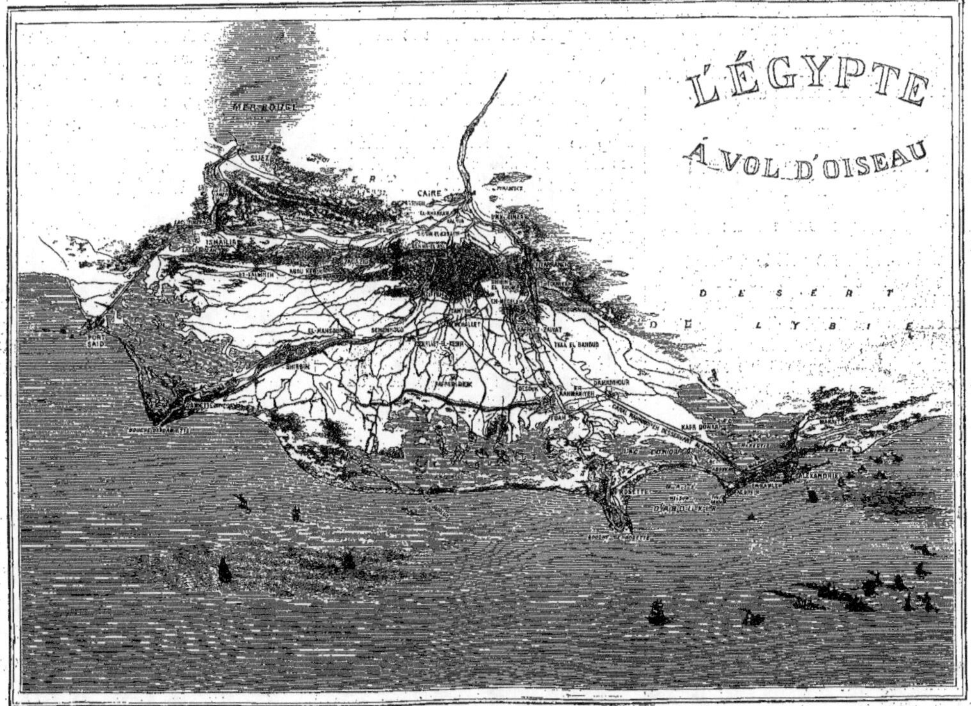

Les forts d'Aboukir se rendaient le 19 septembre à l'amiral Dowell.

Sur la demande du général Wolseley, le khédive rendait deux décrets importants : le premier prononçait la dissolution de l'armée égyptienne, le second ordonnait la mise en accusation d'Arabi-Pacha et des membres de l'ancien ministère.

L'Angleterre a rétabli l'ordre sur les bords du Nil. A plusieurs reprises elle a déclaré n'avoir aucune pensée d'ambition, se réservant seulement en Égypte et sur le canal de Suez une prépondérance justifiée par l'importance de son commerce et les services rendus à la cause de l'humanité. La conférence l'attendra dans ce rôle. La Russie a apporté au congrès de Berlin le traité de San Stéphano obtenu après des sacrifices autrement grands que ceux de l'Angleterre en Égypte. Elle lui demandera de l'imiter.

Mais si on regarde au delà du temps présent, on voit les tendances coloniales de l'Angleterre toucher au péril ; l'empire britannique, qui couvre un tiers du globe, a montré son point vulnérable. La clé des Indes n'est plus sur l'Indus ou à Caboul, elle est à Port-Saïd et à Suez. C'est le canal creusé par M. Ferdinand de Lesseps, qui est aujourd'hui le cœur de la puissance anglaise.